Tussi!
24.12.92

Barbara Pauli geb. Freiin v. Tiesenhausen:

Gut Hoppenhof — Ein kleines baltisches Vermächtnis

Gut Hoppenhof

Ein kleines baltisches Vermächtnis

Barbara Pauli geb. Freiin v. Tiesenhausen

Zweite Auflage

C. A. Starke Verlag · Limburg a. d. Lahn

Copyright 1989 by C. A. Starke Verlag, Limburg a. d. Lahn

Alle Rechte, auch die des auszugsweisen Nachdrucks, der fotomechanischen Wiedergabe und der Übersetzung vorbehalten.

Gesamtherstellung in eigener Verlagsdruckerei

ISBN 3-7980-0529-X

$\mathcal{S}$ieben goldene Rubel waren der Anfang von dem Gut Hoppenhof, Kreis Walk im damaligen Livland, der jetzigen russischen Sowjetrepublik Lettland, auf dem ich die glücklichsten Jahre meiner Kindheit verbracht habe. Hoppenhof war für mich und meinen älteren Bruder Hans ein wahres Paradies mit seiner Harmonie und seinem Gemeinschaftssinn, das auch nach über drei Generationen noch zu strahlen vermag. Davon sollen diese Bilder erzählen. Meine beiden kleinen Geschwister Berend und Ursula traten wenig in Erscheinung. Ein russisches Kindermädchen, welches auch mich liebevoll versorgt hatte und mir die russische Sprache spielend und singend beibrachte, hütete sie von morgens bis abends mit sanfter Hand. Es gibt wohl nichts liebevolleres als ein russisches Kindermädchen.

Wie mir berichtet wurde, soll Hoppenhof jetzt abgerissen sein, aber es ist nicht ausgelöscht in meinem Herzen. Meinen Enkeln möchte ich ein für mich unvergeßliches Stück Vergangenheit erhalten und auch all denen, die sich ein Bild vom früheren Leben auf ostdeutschen Gütern machen möchten.

Die Familie meines Vaters, die Freiherren v. Tiesenhausen, sowie die Familie meiner Mutter, die Freiherren v. Delwig, sind vor über 700 Jahren mit den Ordensrittern aus Deutschland in den baltischen Raum ausgewandert, um das Land dort zu christianisieren. Über viele Jahrhunderte haben sie alle Wirren überstanden, die sich aus der Zugehörigkeit zu Rußland, Polen, Litauen und Schweden ergaben. Es kostete zwar viele Opfer, aber ihr Deutschtum haben sie immer bewahrt.

Hoppenhof war kein alter Familienbesitz, wie viele andere Güter im Baltikum, denn der Großvater des Großvaters Ernst Axel v. Delwig, der spätere Oberforstmeister von Liv-, Est- und Kurland, war Dekabrist. Das heißt, er gehörte zu der Gruppe fortschrittlich denkender Offiziere aus russischen Garderegimentern, die nach dem Tode Alexanders I. am 14. und 15. Dezember 1825 den Versuch unternahmen, durch einen Aufstand mit den ihnen ergebenen Truppen ein freiheitliches Regime in Rußland zu errichten. Dieses Vorhaben mißlang jedoch, die Verschwörung wurde verraten. Zar Nikolaus I., der unrechtmäßig den Thron bestiegen hatte, ließ alle in die Verschwörung verwickelten Personen verhaften. Einige der Rädelsführer wurden hingerichtet, die anderen in Ketten nach Sibirien verbannt. Zufällig war Ernst Axel gerade in dieser Zeit nicht in Rußland anwesend. So entkam er der Verbannung. Er verlor aber seinen Besitz, die Erbherrschaft auf Karolen. So kam es, daß die Delwigs, die aus Schloß Delwig bei Dortmund stammen, im Baltikum keinen Landbesitz mehr hatten. Großvater Axel's Vater verließ seine Frau. Seinen siebenjährigen Sohn brachte er zu einer befreundeten Familie Schoultz v. Ascheraden auf Ascheraden, dort wurde er mit den eigenen Kindern erzogen. Er verbrachte dort eine glückliche Jugend und entfaltete eine große Liebe zur Landwirtschaft und den tiefen Wunsch, selbst einmal ein Gut zu besitzen. Er studierte Jura und Landwirtschaft, wobei jedoch das Interesse für Landwirtschaft überwog. Aber später bekam er auch die Gelegenheit, sein Jurastudium als Kirchspielrichter in Hoppenhof auszunutzen.

Nach Beendigung seines Studiums zog er nach Schluckum, wo er eine Richterstelle annahm. In dieser Zeit, 1877, heiratete er Alma von Schrenck, die Tochter von Alexander von Schrenck, der Dozent der Mineralogie an der Universität von Dorpat in Estland war. Fünf Jahre wirkte er als Richter in Schluckum, immer mit dem Wunsch im Herzen, einmal ein eigenes Gut zu besitzen. Als die Großmutter ihre Erbauszahlung aus dem Gut Heiligensee ihrer Eltern bekam und der Großvater auch einige Ersparnisse hatte, war er plötzlich in der Lage, sich seinen Herzenswunsch zu erfüllen. Er machte sich auf die Suche nach einem passenden Objekt. So kam er auch nach Hoppenhof. Das Gut gefiel ihm, er sah dort viele Möglichkeiten, es ertragreich zu bewirtschaften. Er kaufte Hoppenhof, und seine

Freunde halfen ihm dabei. Als er zu wirtschaften anfing, hatte er, so geht die Sage, nur sieben goldene Rubel in der Tasche. Seine Freunde schenkten ihm zum Angedenken daran ein Tablett, in das sieben goldene Rubel eingelassen waren. Im Laufe weniger Jahre zeigte es sich, daß Großvater Recht hatte. Aus dem vernachlässigten Gut hatte er ein für seine Zeit sehr fortschrittliches Mustergut geschaffen.

Vorwort zur zweiten Auflage

In dem Buch ist beschrieben, daß Gut Hoppenhof abgerissen ist. Durch die Öffnung der Grenzen nach Osten war es möglich, das Gebiet um Hoppenhof zu besuchen. Die Wirtschaftsgebäude sind abgerissen, das Wohnhaus jedoch steht im Gegensatz zu den Ausführungen auf Seite V des Buches noch. Das Haus wird zur Zufriedenheit der früheren Eigentümer als Krankenhaus genutzt.

Die Karte auf Seite 68 stammt aus Valerian Tornius: „Die Baltischen Provinzen", Leipzig 1915.

Es kann ja nicht immer so bleiben,
hier unter dem wechselnden Mond;
es blüht eine Zeit und verwelket,
was mit uns die Erde bewohnt.

Es haben viel fröhliche Menschen,
lang vor uns gelebt und gelacht;
den Ruhenden unter dem Rasen
sei freundlich ein Becher gebracht.

Es werden viel fröhliche Menschen
lang nach uns des Lebens sich freun,
uns Ruhenden unter dem Rasen
den Becher der Fröhlichkeit weihn.

Wir sitzen so fröhlich beisammen
und haben uns alle so lieb,
wir heitern einander das Leben,
ach wenn es doch immer so blieb.

Doch weil es nicht immer kann bleiben,
so haltet die Freude recht fest,
wer weiß denn wie bald uns zerstreuet,
das Schicksal nach Ost und nach West.

Und sind wir auch fernvoneinander,
so bleiben die Herzen sich nah,
und alle, ja alle wirds freuen,
wenn einem was Gutes geschah.

August von Kotzebue, 1802

Das Gut Hoppenhof lag an der großen Chaussee, die von Riga nach Pleskau führt. Katharina die Große hat sie als Heerstraße bauen lassen. Sie legte ein Lineal auf die Landkarte und zog eine schnurgerade Linie zwischen den beiden Städten: „Hier wird die Straße gebaut und damit basta!" Der Befehl der Zarin wurde ausgeführt. Eine schmale Zubringerstraße führt von der Chaussee zum Gut und Ort Hoppenhof, das auf lettisch „Ape" heißt. In größeren Abständen liegen an der Chaussee langgestreckte Steingebäude, die „Krüge", Poststationen, an denen die Pferde gewechselt wurden und in denen man auch übernachten konnte.

Wir fuhren von der Chaussee kommend durch eine Ahornallee, die meine Großmutter hat anlegen lassen. Bei jedem Baum, der gepflanzt worden ist, stand sie dabei und paßte auf, daß in jede Pflanzgrube auch eine gehörige Portion Komposterde hinzukam, damit die Bäume gut gedeihen konnten. Von weitem sah man schon das hellrote Ziegeldach des Herrenhauses, das auf einem Kalkstein-Rücken lag. Mit den roten Ziegeln hatte es eine besondere Bewandtnis. Da es in der Gegend keine Tonerde gab, ließ Großvater aus Zement gepreßte Ziegel von alten Arbeitern mit roter Farbe einfärben. Das war eine ungewöhnliche Altersversorgung, aber sehr sozial, denn die ehemaligen Hofleute saßen gemütlich an windgeschützten Stellen zusammen, schwatzten und leisteten dabei noch eine nützliche Arbeit — und Dachziegel wurden immer gebraucht.

Vor dem Herrenhaus war eine sandbestreute Terrasse, eingefaßt von einer Säulenbalustrade. Hier spielte sich im Sommer das Leben der Familie ab. Jeden Morgen mußte der Gärtnerjunge den feinen Sand im Fischgrätenmuster harken. Amama paßte sehr genau auf, wehe, wenn auch nur ein Abdruck seiner nackten Füße zu sehen war. Dann mußte der Junge nochmal alles nachrechen.

An den weißen Tischen mit den bequemen Stühlen wurde gefrühstückt. In der Mittagshitze aß man im kühlen Speisezimmer, aber auch abends saß man oft bis Mitternacht draußen. Im Park sangen die Nachtigallen, die Nächte waren lau und hell. Tante Reni sang mit ihrer wunderschönen Stimme und großer Friede lag über dem Ganzen.

Der Stall für die Reit- und Kutschpferde war nicht weit vom Herrenhaus. Uns Kinder interessierte am meisten die Wagenremise, in der die herrlichsten Fahrzeuge standen. Da war die für das Baltikum typische Brettdroschke, ganz schmal gebaut und einspännig zu fahren. Man saß auf einem langen Brett, das auf der Vorder- und Hinterachse auflag und so Unebenheiten der Wege gut abfedern konnte. Damit fuhren wir manchmal zum Baden oder zum Pilzesuchen in den Wald. Alle saßen rittlings einer hinter dem anderen auf dem Brett, nur Großmutter saß natürlich nie rittlings. Dann stand dort auch noch der schwere Landauer, in dem wir Kinder so gerne „Reisen" spielten. Allein schon seinen Geruch fanden wir betörend fremdartig. Das elegante Coupé war besonders vornehm, aber wenn uns der alte Kutscher darin erwischte, flogen wir in hohem Bogen raus, denn er mußte ja die Wagen pflegen und in Ordnung halten, damit sie jederzeit fahrbereit waren. Großvater fuhr oft allein mit dem Dogcart auf die Felder, um dort nach dem Rechten zu sehen. Sein treuer Jagdhund „Fingal" lief dann gehorsam hinterher.

Vor ihrer Wohnung neben dem Stall saß auf einer Bank Jula, die stets mürrische Frau von Paitjes, dem alten Kutscher, und sie paßte auf wie ein Drachen.

Vor dem in den Kalkfelsen gehauenen Käsekeller wuschen die Burschen die Käse und bestrichen sie mit rotem Wachs. Überall war geschäftiges Treiben und jeder ging seiner Arbeit nach, aber nie artete es in Hektik aus. Das Puppenhäuschen im Gebüsch fanden wir langweilig und spielten fast nie darin. Ja, und dann muß noch die Kleete erwähnt werden, der Getreidespeicher, in dem der kostbare Weizen und der Hafer für die Kutsch- und Reitpferde eingelagert wurde. Darin war es düster und es roch so schön nach Korn und auch etwas nach Mäusen. Es war streng verboten, sich im Korn zu wälzen, aber natürlich haben wir es mit Vorliebe getan, wenn niemand hinsah.

8

Neben dem Käsekeller, wo die Butter eingelagert wurde, befand sich auch der Apfelkeller, in dem immer die gleiche Temperatur herrschte, so daß sich die im Herbst geernteten Äpfel lange Zeit frisch hielten. Meine Mutter erzählte, daß zur Silberhochzeit ihrer Eltern der ganze Keller mit buntem Kreton ausgeschlagen und in mehrere Kabinen eingeteilt wurde, in denen dann vom Tischler hergestellte Betten aufgestellt wurden, auf die dann Strohsäcke gelegt wurden, auf denen die müde getanzten Gäste wunderbar schliefen. Es waren deren bei solchen festlichen Anlässen manchmal bis zu 150 Personen, für die natürlich die Gästezimmer im Herrenhaus längst nicht ausreichten. Champagner der berühmten Marke Veuve Clicot floß bei solchen Anlässen in dem auf dem Rasenplatz aufgestellten Zelt in Strömen.

An der Einfahrt zum Gut stand die Meierei an einer Stelle, an der früher eine Mühle gewesen war. Durch einen Damm mit einer Schleuse war ein Teich aufgestaut, der Karpfenteich.

Auch hier spielten wir gerne und schlidderten auf dem glitschigen Boden hin und her. Es roch dort so schön moderig und etwas unheimlich war es auch, zumal wenn man mal ausrutschte und hinfiel. Wir hatten immer etwas Angst, die Schleuse könnte mal brechen und der Wasserschwall würde uns dann in das Flüßchen hinunter treiben.

In der Meierei standen all' die Maschinen zur Bereitung von Butter und Käse sowie das große Becken mit der etwas bräunlichen Sahne. Ich konnte der Versuchung nicht widerstehen und versuchte, mit dem Finger davon zu naschen. Da das aber zu mühsam war, brachte ich mir eine Puppentasse mit und schöpfte mir damit eine ordentliche Portion ab. Das war ein Genuß!

Manchmal stand der Zuchthengst Pani im Teich. Nach einer anstrengenden Fahrt hatte er oft geschwollene Beine und da tat ihm das kühle Wasser gut.

Auch die Bauern aus der Umgebung brachten ihre Milch in die Meierei, so daß der Meiermeister Pollak und seine Gehilfen viel zu tun hatten, denn auf dem Gutshof standen mehr als hundert dänische Anglerkühe. Die Butter kam in großen Holzfässern zum Versand nach Berlin zu der bekannten Firma Bolle, die ja heute noch existiert. Dorthin wurde auch der Käse geliefert.

Auf der Nordseite des Herrenhauses war ein großer ovaler Rasenplatz. Dahinter begann dann der Park, den Großmutter hatte anlegen lassen, sowie ein Spielplatz mit einem Rundlauf. Wir setzten uns in gepolsterte Schlingen und dann ging es los, je schneller und höher, desto schöner!

Man konnte auch schaukeln oder an einem Reck oder Barren turnen. Auch für die Erwachsenen war gesorgt, es wurde viel Tennis gespielt und auf dem Reitplatz wurden Pferde eingeritten. Besonders meine Mutter Karin war passionierte Reiterin. Großvater Delwig hatte eine Trakehner-Zucht. Deshalb mußten immer wieder Pferde zugeritten und andere Pferde regelmäßig unter dem Sattel bewegt werden. Diese tägliche Arbeit mit den Pferden bereitete meiner Mutter besondere Freude, schneidig und mit viel Geschick verstand sie es, auch bei den Tieren ihren Willen durchzusetzen. Beneidet wurde Großpapa besonders wegen seines Viererzuges. Es war die kastanienbraune Stute Astra mit ihren drei Töchtern, die in Aussehen und Größe der Mutterstute genau glichen, wenn die Großeltern dann mit diesem schönen Gespann bei benachbarten Gütern vorfuhren, waren unsere Kutscher am stolzesten und genossen die anerkennende Bewunderung für die schönen Pferde.

Manchmal besuchten wir den Kutscher Paitjes, der gleich neben dem Stall für die Reit- und Kutschpferde seine Wohnung hatte. Bevor man in die Wohnstube gelangte, mußte man durch die kleine Küche mit dem selbstgemauerten Herd. Darauf stand der große Kessel mit dem Schweinefutter, das den unvermeidlichen Geruch verbreitete, der in allen Arbeiterwohnungen zu riechen war. Von dort kam man dann in die gemütliche Stube mit dem großen Kachelofen, hinter dem oft ein Heimchen zirpte. Rechts waren die Betten der Eltern und links schliefen die Kinder Alex und Betzite. Vor den Fenstern blühten immer Fleißige Lieschen. Die Fenster gingen nach Südwesten, so daß fast den ganzen Tag die Sonne in den Raum scheinen konnte. Hier spielte sich das ganze Familienleben ab und ich glaube, daß die Leute ganz zufrieden mit ihrem Leben waren. Besonders im Winter war es in dem Zimmer pottchenwarm, vor allem auf der schönen Ofenbank. Sowas Herrliches gab es im Herrenhaus nicht!

Die Sommer im Baltikum waren kurz, aber sehr heiß. Da reifte das Obst und die Beeren im Garten und im Wald schnell und alle mußten beim Sammeln helfen. Für den großen Haushalt mußte viel eingekocht werden. Weil es in der Küche so heiß war, ließ sich Amama eine kleine Pliete (Herd) unter den großen schattenspendenden Tannen aufbauen. Die Frauen der Hofleute pflückten die Beeren im Garten. Sie hockten in den Büschen und sangen oder schwatzten munter um die Wette. Die Letten sind sehr sangesfreudig und mit dem Gesang geht die Arbeit besser von der Hand, ohne daß man die Leute antreiben muß. Auch die Mädchen, die die in Körben gesammelten Beeren putzten, sangen ständig. Die Köchin rührte die Marmelade (Saft sagten wir dazu) in großen Kesseln. Dann schmeckte Amama mit einem Teelöffel von einer Untertasse ein Kostprobe ab und wenn sie die Marmelade für gut befand, durften wir Kinder zum Schluß den leeren Kessel auslecken.

*D*a war noch die Geschichte mit der Schmalspurbahn. Großvater war sehr hellhörig für alles, was in der Gegend los war. So erfuhr er eines Tages, daß beabsichtigt sei, eine Eisenbahnlinie nach der Kreisstadt Walk zu bauen. Er setzte sich mit der Bahnverwaltung in Verbindung und erbot sich, wenn die Strecke über Hoppenhof geführt werde, würde er dort den Bahnhof auf eigene Kosten bauen lassen. Gedacht — getan. Die Eisenbahn-Gesellschaft nahm dieses Angebot an und so wurde Hoppenhof Bahnstation, was für das Gut und die Bewohner im weiten Umkreis erhebliche Vorteile brachte. Für Großvater bot sich damit die Möglichkeit, einen Kalkofen zu bauen und den dort gebrannten Kalk mit Loren auf einer Feldbahn direkt zum Verladen auf die Güterwagen zu transportieren. Damit hatte er sich eine gesicherte Einnahmequelle erschlossen.

Für uns Kinder war es streng verboten, am Sonntag, wenn die Arbeit ruhte, mit den Loren an der abschüssigen Feldbahnstrecke zu spielen. Aber eines Tages kam Ebo v. Pander, ein damals schon sechzehnjähriger Vetter zu Besuch und mein Bruder Hans und ich zeigten ihm die neue Errungenschaft. Einige Loren standen direkt am Steinbruch auf einem erhöhten Platz. Ebo kletterte gleich in eine der Loren und rief uns zu: „Kommt mit, wir wollen ein Stück weit damit fahren." Wir wußten natürlich, daß dies streng verboten und auch nicht ungefährlich war. Aber die Versuchung war doch zu groß und wir stiegen ein. Zuerst ging es in tollem Tempo den Hang hinunter, aber dann in der Ebene fuhr es immer langsamer und zuletzt mußte man mit einer langen Stange nachhelfen, also staken, um den Rollwagen auf den Feldbahngleisen vorwärts zu bewegen. Das war uns zu mühsam und wir ließen ihn dann einfach stehen und trotteten mit einem schlechten Gewissen nach Hause, wo es natürlich ein Donnerwetter gab.

Unsere Amama unternahm manchmal kleine Ausflüge, so auch einmal nach Riga zu ihrer Schwester, Tante Berta Klot v. Heydenfeld. Sie fuhr dann mit der Bahn.

Da sie aber meist nicht rechtzeitig mit ihren Vorbereitungen fertig wurde, kam es vor, daß sie viel zu spät das Haus verließ, um noch den Zug zu erreichen. Dann wurde einfach beim Bahnhof angerufen (Hoppenhof hatte schon sehr früh einen Telefonanschluß), der Zug solle bitte warten, die Baronin sei noch unterwegs. Und tatsächlich, der Zug wurde angehalten, bis sie endlich mit der kleinen Kalesche im Karacho vorfuhr.

Am höchsten Punkt des Parkes ließ Großvater einen Birken-Pavillon errichten. Dort saß die Großmutter gern mit einer Handarbeit und konnte weit ins Land hinein sehen. Sie liebte besonders die weiße Farbe. Schon im Frühjahr blühten in der Rabatte weiße Narzissen. So war der große Park eine geschmackvoll angelegte und sorgfältig gepflegte Stätte der Erholung voller Leben und Freude. Wir Kinder konnten dort herrlich spielen und die Älteren setzten sich gern zu einem Schwätzchen oder mit einem Buch in den Pavillon.

Wie in allen nordischen Ländern, wurde auch im Baltikum die Sommer-Sonnenwende am Johannistag besonders gefeiert. Die Letten nennen das Fest „Ligo-Jahnit". Ligo war eine heidnische Gottheit und Jahnit steht für Johanni. Die Hofleute flechten Kränze aus Feldblumen und kommen damit vor das Herrenhaus. Sie singen schöne alte Volkslieder und beschwören den Sommer, auf daß er reiche Ernte bringe. Einer nach dem anderen bekränzt den Gutsherrn und seine Familienangehörigen. Diejenigen, die sie besonders schätzten, bekamen besonders viele Kränze umgehängt. Großvater war am meisten behängt. Er mußte seine Arme ausbreiten, um alle Kränze aufnehmen zu können, während Amama längst nicht so viele bekam, weil sie wegen ihres strengen Regiments beim Personal ziemlich gefürchtet war.

Auch ich bekam von einem kleinen Mädchen, mit dem ich manchmal spielte, einen Kranz umgehängt. Darüber war ich sehr glücklich und hängte den Kranz später über mein Bett. Dort mußte er hängenbleiben, bis er schließlich verdorrte und von selbst herunterrieselte.

Großvater stiftete den Leuten ein großes Faß Bier und Wasserkringel, also Hefebrezeln, die erst in Salzwasser gekocht und dann erst überbacken wurden. Am Abend wurde dann ein mit Teer gefülltes Faß auf einer hohen Stange befestigt und angezündet, während die singende Menge darum herumtanzte bis spät in die helle Sommernacht hinein.

Auch Ostern wurde besonders gefeiert. Die Arbeiter des Hofes bauten eine Osterschaukel, eine Schaukél für mehrere Personen. Da schaukelten die Burschen mit ihren Mädchen oder nur Burschen, und die trieben es dann so toll, daß sich die Schaukel überschlug. Es kam oft vor, daß sich einer dabei nicht nur einige Rippen brach. Obwohl in unserem Haus vor Ostern nicht gefastet wurde, so gab es doch einen herrlichen Ostertisch mit Kohl und Räucherfisch und hartgekochten Eiern gefüllte Piroggen, die berühmte russische Pascha aus „Tarak"-Quark, Eiern, Zucker, Rosinen und Mandeln bereitete Kalorienbombe und herrliche Pasteten. Natürlich fehlte der Wodka nicht und für die Damen selbstaufgesetzte Liköre. Auf der sandbestreuten Terrasse wurde Eierkullern gespielt. Über ein langes, schräggestelltes Brett wurden die bunten Eier hinabgerollt, wo schon Marzipan- und Schokoladeneier lagen. Wenn eins von diesen Eiern getroffen wurde, durfte man es behalten. Hatte es nicht getroffen, mußte man sein Ei liegenlassen. Die ganze Familie beteiligte sich mit großem Hallo bei diesem Spiel. Auch beim Eiersuchen im Park war keiner zu alt, um nicht mitzumachen.

Eines Tages kam das Arbeitermädchen, das mir den Kleeblumenkranz geschenkt hatte, nahm mich bei der Hand und sagte: „Komm mit, ich will dir was ganz Tolles zeigen. Wir haben heute Taufe und da gibt es ein wunderbares Essen. Da war ich nun sehr gespannt. Schon als wir die schmale Stiege hinaufgingen, schlug mir ein eigenartiger Geruch entgegen. Es war ein Geruch, der eigentlich allen Arbeiterwohnungen eigen war. Es roch nach Schweinekartoffeln, Kohlblättern und anderem gekochten Gemüse. Ich fand den Geruch sehr gemütlich.

In der Stube stand die ganze kleine Taufgesellschaft. Der Großvater in seinen selbstgebastelten Schuhen aus Birkenrinde und den dicken weißen Wollstrümpfen von den eigenen Schafen, die strahlende junge Mutter und der ein bißchen verlegene junge Vater, die Großmutter und der alte Onkel, alle bewunderten das Kind.

Mein Blick fiel auf den gedeckten Tisch. Was sah ich da für Köstlichkeiten! Eine große braune Tonschüssel mit Salzgurken, eine große Schüssel mit hartgekochten Eiern, eine ebenso große Schüssel mit Pellkartoffeln und etwas Tarak-Quark, Butter und Salz. Angeschlagene blaue Emailbecher standen bereit für den selbstgebrauten Quass. Wer in Rußland war, der kennt dies Gebräu. Es wird aus Gerstenbrot bereitet und schmeckt ähnlich wie Bier. Indessen stand auf dem selbstgemauerten Herd ein Topf mit Schweinefutter und verbreitete „lieblichen Duft".

Ein Erlebnis für mich war es, wenn Apapa mich früh am Morgen mitnahm, um anzusehen, wie die Arbeiter gemeinsam den Hof verließen. Jeden Abend kam der Verwalter Rudsit (d. h. auf deutsch etwas zärtlich „kleiner Roggen") zu Apapa ins Büro und sie besprachen, was am folgenden Tag für Arbeiten gemacht werden mußten. Rudsit bekam eine schriftliche Aufstellung und morgens um sechs, wenn die Arbeiter antraten, bekam jeder seine Arbeit zugeteilt. Nachdem die Pferde gefüttert und getränkt waren, stellte sich jeder Mann mit seinen Pferden und Geräten startbereit auf dem Hof auf. Indessen steh' ich an Apapas Hand vor dem Hof. Rudsit hatte die Uhr in der Hand, Punkt sieben Uhr gab er einem Mann, der an der Auffahrt zur Scheune stand, ein Zeichen. Der hob seine Hand, in der er einen dicken Knüppel hielt und schlug an ein Brett in einem bestimmten Rhythmus, daß es weit übers Land hallte. Das war das Zeichen zum Aufbruch. Es wurde lebendig auf dem Hof. Ein Fuhrwerk nach dem anderen verließ den Hof. In langer Kolonne zogen sie hinaus aufs Feld. Ebenso wurden sie wieder zurückgerufen. Es herrschte Ordnung bei Großvater auf dem Hof und es gab auch einen Feierabend. Das war nicht auf allen Gütern so.

Zu den schönsten Sommerfreuden gehörte das Baden in der Waidau, einem kleinen Flüßchen mit goldbraunem klaren Wasser. Es lag etwas weiter weg, so daß man hinfahren mußte. Aber auch das machte Spaß. Man fuhr mit der Bretterdroschke, dem wendigsten aller Wagen, die es gibt und mit dem man über alle Feld- und Waldwege fahren kann. Eine Menge Menschen haben darauf Platz. Erst ging's an den Wirtschaftsgebäuden vorbei durch Feld und Wiesen, durch einen Kiefernwald und an kleinen Bauernhöfen vorbei. Wir hüpften vor Aufregung auf dem Wagen herum.

Wir konnten nicht schnell genug vom Wagen springen. Der kreisrunde Rasenplatz war von einem dichten Weidengebüsch umstanden. In einer kleinen Holzbude konnte man sich umkleiden. Großmutter schrieb jedes Jahr den ersten und den letzten Badetag ein. Außerdem mußten wir uns an die Wand stellen und wir wurden gemessen, wie groß wir waren. Alle Frauen hatten rote Kretonne-Badeanzüge mit weißen Rüschen. Ein großer Koffer stand oben im Giebelzimmer, der bis obenhin voll war mit diesen Anzügen. Wenn Gäste kamen, dann waren genügend da für alle. Die Jungens hatten blau-weiß-gestreifte Anzüge, die waren aber nicht selbstgenäht. Außerdem gingen nie Männer und Frauen gemeinsam baden. Was war das herrlich, bei heißen Tagen in dem Fluß zu planschen, und was gab es da alles zu sehen: Eine Menge Flußmuscheln, in denen auch manchmal Perlen waren. Aber Großmutter erlaubte nicht, daß man mehr als zehn Stück im Jahr aufmachte, um den Bestand nicht zu gefährden. Immer wieder wurde eine schöne Perle gefunden. An einer Stelle war das Flüßchen gestaut, da konnte man sogar schwimmen, und Amama tat das gern. Über das Wehr sprudelte das Wasser und Fische hielten sich da gerne auf. Einmal kam eine Schlange an mir vorbei (vielleicht war's auch nur ein Aal!). Sie sah mich mit großen Augen an und ich fürchtete mich sehr! Nachdem wir uns müde getobt hatten, gab es ein herrliches Picknick auf der Wiese. Alles schmeckte viel besser als zu Hause. Der Kutscher mußte derweil unterhalb der Strömung baden, auf Großmutters Geheiß hin. Ordnung muß sein!

Eine große Freude waren auch die Pilzfahrten. Die Wälder waren ja auch voll der schönsten Pilze, die eine große Bereicherung des Speisezettels bedeuteten. Sie wurden in Tönnchen gesalzen, getrocknet oder in Marinade eingelegt und vor allen Dingen in Mengen frisch verzehrt. Die Wälder waren ja so riesengroß, so daß alle Leute sich beliebig damit eindecken konnten, ohne den Bestand zu gefährden. Die Hausmädchen durften auf einer extra Droschke auch mitfahren, und mit Gesang ging es los. Die nordischen Wälder sind wunderschön. Der Waldboden ist mit dichtem Moos verschiedener Art bedeckt, man geht wie auf Teppichen. Da gibt es violett schimmerndes Moos, das etwas höher wächst, und das wellige graue Rentiermoos und einige andere Arten, die in verschiedenen Grünschattierungen saftig leuchten. Dazwischen steht ab und an eine weiße Orchidee, die wir „Nachtschatten" nannten. Um sich in dem riesigen Wald nicht zu verirren, mußte man sich immer wieder mit einem lauten Hallo melden, um den Anschluß an die anderen nicht zu verlieren. Trotzdem hat sich einmal Tante Berta, Amamas Schwester, mit ihrem dreijährigen Sohn Otto verirrt. Man fand sie erst am nächsten Tag wieder. Wölfe gab es in unserer Gegend nicht mehr. Nur in kalten Wintern hat Apapa welche gesehen, wenn er in später Nacht im Schlitten durch den Wald nach Hause fuhr.

Im Frühjahr wurden auch Fahrten in den Wald gemacht, um Maiglöckchen zu pflücken. In lichten Birkenwäldern war der ganze Boden bedeckt mit Maiglöckchen. Nachdem wir uns sattgepflückt hatten, ging's wieder nach Hause. Die dicken Sträuße wurden in alle Zimmer verteilt, und das ganze Haus duftete herrlich nach Maiglöckchen. Auch suchten wir in Schonungen nach Morcheln. Zwar mußte man siebenmal das kochende Wasser von ihnen abgießen, weil man sagte, sie seien sonst giftig, aber keinem ist davon schlecht geworden, geschweige denn ist einer gestorben. Dafür schmeckten sie köstlich.

Auch das Kümmelpflücken war für uns und die Mädchen ein großes Vergnügen. Es gab wohl kein baltisches Haus, in dem nicht Kümmelkuckel gebacken wurden. Das sind kleine Brötchen aus Milchhefeteig, in die mit dem Daumen eine kleine Kuhle hineingedrückt wird, in die kommt Butter und obendrauf wird Kümmel gestreut. Möglichst warm, schmecken sie herrlich. Zu diesem Zweck unternahmen wir eine ziemlich weite Fahrt an einen Bach, an dessen Ufer Kümmel in Massen wuchs. Auch ich war fleißig dabei, aber den Kümmel wollte ich nicht hergeben, ich könnte mir doch eigentlich selbst jeden Tag Kümmelkuckel backen.

Der Kutscher stand bei den Pferden und dachte nicht daran, auch mitzuhelfen. Das war unter seiner Würde.

Ja, und da war noch der Garten. Leider war er oft verschlossen, und wir konnten nur durch das weiße Tor hineinsehen und warten und lauern, bis jemand kam, der aufschloß. Wenn wir dann endlich herein durften, war des Staunens kein Ende. Gleich am Anfang hatte Amama ihre bunten Schnittblumenbeete, immer ein ganzes Beet mit einer Sorte — und das duftete. Dann lagen — geschützt nach Südwesten — am Pferdestall entlang die Mistbeete mit köstlichen Netzmelonen und frühen Radieschen. An der Pferdestallwand war sogar ein Weinstock, aber die Trauben waren so sauer, daß man sie kein zweites Mal probierte.

Wenn Tante Inga, Mutters älteste Schwester, mit dem Gärtner den Honig schleuderte, waren wir natürlich auch dabei. Tante Inga brachte uns noch warme Honigwaben und wir setzten uns gemütlich in die Gartenlaube, um dort den köstlichen Honig aus dem Wachs herauszukauen. Amama bereitete ab und an einen sehr wohlschmeckenden Käse, den „Erdkäse". Viel Schmand kam da hinein und fein durchpassierter Quark. Dann kam das Ganze in eine Serviette und Arthur, der Diener, mußte es im Garten zwischen den Johannisbeerbüschen vergraben. Da mußte der Käse so ca. vierzehn Tage liegen, bis er reif war und man ihn essen konnte. Wir Kinder bekamen nicht viel davon, es hieß, er wäre für uns zu schade.

Die Unterförster, die sogenannten „Buschwächter", mußten für den riesigen Herrenhaushalt Bienen halten. Einmal im Jahr kamen sie dann mit ihrem Mistwägelchen, dem Sudurattid, mit einer großen Tonne voll Honig auf das Gut gefahren. Tante Inga versorgte die Bienen in unserem Garten. Sie ließ extra für die Bienen ein Feld mit Buchweizen anpflanzen und im Garten ein großes Stück mit honigreichen blauen Blumen. Aber auch alle Wiesen waren voll Blumen aller Art, so daß eigentlich jedes Jahr reichlich Honig geerntet werden konnte.

Auch wenn das Obst geerntet wurde, waren wir im Garten und eifrig dabei, alle Sorten zu probieren. Im Kalkfelsenkeller hielten sich die Äpfel bis tief ins neue Jahr hinein. Die Möhren („Burkanen", wie man bei uns sagte) und die Erbsen wurden von uns schwer geplündert. Es gab auf dem ganzen Gut so unendlich viel zu sehen und aufzustöbern, daß wir alle Hände voll zu tun hatten, um überall dabei sein zu können. So war zum Beispiel unsere Mutter damit beschäftigt, Wunden zu verbinden und den kranken Arbeitern zu helfen. Sie hatte als junges Mädchen einige Zeit im Krankenhaus in Riga gearbeitet. Einmal mußte sie bei einer Operation ein Bein, das amputiert werden sollte, festhalten. Es war ein schrecklicher Augenblick, als sie das abgesägte Bein in der Hand hielt. Aber sie hat tapfer durchgehalten, wie auch später im Leben, als noch Schweres auf sie zukam. Sie war immer die couragierteste von ihren Schwestern. Wenn allerdings die Leute mit Zahnschmerzen zu ihr kamen, war sie mit ihrer Weisheit am Ende. Kurzentschlossen goß sie Kölnischwasser darauf, das half nicht lange, aber es erschütterte nicht das Vertrauen der Leute in ihre Heilkunst.

Tante Reni, die fünfte von den sechs Delwigsschwestern, versorgte das Geflügel. So hatte jede der Töchter ihre Aufgabe. Sie heiratete erst 1917.

Sehr interessant fanden wir auch die Wäschemangel, die in einem Zimmer in der Meierei stand. Es war ein wahres Ungetüm. Vier Mädchen waren damit beschäftigt, das Ding in Betrieb zu setzen. Der Kasten mit den Granitfindlingen mußte per Kurbel hin und her befördert werden und lief über Holzrollen. Wir wären so gerne mit hin- und hergefahren, aber die Mädchen bedankten sich für diese zusätzliche Last.

In der Küche war immer was los. Auch wenn wir dort nicht gern gesehen waren, benutzten wir jede Gelegenheit, um hineinzuschlüpfen. Das Küchenmädchen Wanda stand meist am Spülstein, denn es mußte täglich eine Menge Geschirr gewaschen werden. Allein am Herrschaftstisch saßen meist an die zwanzig Personen. Dazu kamen dann noch die Hausangestellten sowie das Kindermädchen oder ein fremder Kutscher, der einen Geschäftsmann oder einen Gast gebracht hatte. Wanda mußte auch das Hausschwein füttern. Es fielen viele Abfälle aus Haus und Garten an, die verwendet werden mußten. Mit einem s-förmigen Hackeisen zerkleinerte sie das Futter, streute Getreideschrot darauf und schon war das beste Schweinefutter fertig und wir zwei pilgerten zum Stall. Es machte mir großen Spaß, das Gequietsche und das Gerangel der Schweine anzuhören.

Im Herrenhaus war keine Wasserleitung, deshalb stand in der Küche eine große hellblaue Tonne auf Füßen, die wurde jeden Morgen mit einem Schlauch durchs Fenster mit frischem Wasser gefüllt. Das ganze Haus wurde daraus mit Wasser versorgt. Das war eine ziemliche Schlepperei für die Mädchen, denn das gebrauchte Wasser mußte ja auch wieder weggetragen werden. Wasserklosetts gab es damals auch nicht, nur einige Plumsklos.

Der Herd, die „Pliete", war so groß, daß auch reichhaltige Menüs darauf gekocht werden konnten. Oft kamen im Sommer Bauernfrauen, die Waldbeeren brachten. Die Beeren wurden auf eine große Bratenplatte getan und auf den Flügel im Saal gestellt. Dort mußten sie bis zum Abend stehen und duften. Das ganze Haus roch herrlich nach den frischen Walderdbeeren. Großmutter kaufte den Bauersfrauen die Beeren ab und schenkte ihnen obendrein noch ein schönes buntes Kopftuch. Einmal fragte sie eine Bäuerin, ob sie denn zufrieden sei. Da sagte diese: „Wenn man seine eigenen Zwiebelchen und Kartöffelchen hat, muß man doch zufrieden sein."

Wenn wir vom Pilzsammeln nach Hause kamen, war das erste, was wir machten, daß wir in die Küche rannten und unsere Pilze auf die Pliete stellten. Es wurde etwas Salz hineingestreut und Butter zugegeben, dann bildete sich ein köstlicher Saft in den Pilzen. Wir schlürften mit Genuß und aßen dann die Pilze. Das aber paßte der Köchin gar nicht, denn wir verschmurgelten ihr den schön geputzten Herd. Es half nichts, daß wir bettelten „nur noch einen, nur noch einen". Unerbittlich warf sie uns aus der Küche raus.

Großen Spaß machte uns eine lettische Palmsonntagssitte. Ursprünglich sollten damit wohl die bösen Wintergeister vertrieben werden, und das ging so: Wer ganz früh aufstand, der durfte mit einem Weidenkätzchenstrauß die noch Schlafenden aus dem Bett klopfen. „Apals kā pupols!" schrien wir voll Begeisterung. Das ist Lettisch und heißt auf deutsch „Rund wie ein Weidenkätzchen!". Natürlich stürzten wir uns zuerst auf die Großeltern als die höchsten Respektspersonen im Haus. Endlich waren wir mal dran. Mit fröhlichem Geschrei liefen wir durchs ganze Haus und kosteten unser Recht, alles zu verklopfen, reichlich aus.

Der Badetag war für uns ein besonderes Vergnügen. Da ja keine Wasserleitung im Hause war, mußte das heiße Wasser mühselig in Eimern und Kannen aus der Küche geholt und in die große himmelblaue Holzbütte geschüttet werden. Alle vier Kinder wurden auf einmal hineingesteckt und wir genossen das sehr, spielten und planschten übermütig. Höchstens einmal in der Woche fand dieses Badevergnügen statt. Es war eine aufwendige Angelegenheit. Zwar badeten die Eltern noch hinterher und ob die Mädchen auch noch darin badeten, ist mir verborgen geblieben, aber es ist schon möglich. In warme Badetücher gepackt, wurden wir die Treppe hinaufgetragen, was wir königlich fanden. Dabei hätten wir gut selber laufen können.

Die Wohnräume waren in Hoppenhof nach Süden gerichtet und hatten viele große Fenster. Salon, Saal und Eßzimmer waren durch Flügeltüren verbunden, die meist offenstanden und einen freien Blick durch alle drei Räume gewährten. Das Parkett wurde mit Bienenwachs gepflegt und verlieh dem ganzen Haus einen köstlichen Duft.

Zum Tee saß man im Salon am Kamin auf den beiden Sofas, die mit abziehbarem geblümten Kretonne bezogen waren. Wir Kinder saßen auf dem Luchsfell, dessen Kopf naturgetreu ausgestopft war. Es war sehr gemütlich. Apapa hatte viel zu erzählen. Wenn er geschäftlich nach Riga fuhr, nutzte er immer den Aufenthalt dort, um abends ins Theater zu gehen. Dann brachte er all die lustigen Operettenmelodien aus dem „Zigeunerbaron" oder der „Lustigen Witwe" mit, die dann im ganzen Haus begeistert gesungen wurden. Einmal im Jahr fuhr er nach Deutschland zur Kur, meist nach Nauheim oder Bad Kissingen. Bei dieser Gelegenheit rechnete er ab mit der Firma Bolle in Berlin, an die er Butter und Käse lieferte, sowie mit der Zellstoff-Fabrik in Waldhof bei Mannheim, die die aus dem Waldgut Neu-Annenhof kommenden Zellstoffplatten bezog.

Ihr wundert Euch vielleicht, woher nun noch ein zweites Gut da ist. Dieser Fall gehört zu Großvaters genialen Unternehmungen. Apapa hatte einen guten Freund, einen Herrn von Knorring, dem das zusammenhängende große Gut Alt- und Neuannenhof mit Hermannshof gehörte. Herr von Knorring lebte am sächsischen Hof und brauchte Geld. Da er ohne leibliche Erben war, hatte er kein Interesse an seinen Gütern, die hauptsächlich aus Wald bestanden und für deren Holz keinerlei rentable Möglichkeit zum Abtransport bestand. Er bot Großvater das Gut an, der aber beteuerte ihm, daß er nicht genug Geld habe, um so ein großes Gut zu kaufen. „Das tut nichts zur Sache", sagte sein Freund mit typisch baltischer Großzügigkeit. Er gab Großvater eine schriftliche Genehmigung, das

Gut mit dem dort geschlagenen Holz zu bezahlen. Mit dem Vertrauen seines Freundes in seine Fähigkeiten, Zuverlässigkeit und dem fix und fertigen Plan, wie er das Problem lösen werde, wagte er sich an das Unternehmen. Zuerst ließ er eine kleine Bahn bauen. Nun konnte das Holz aus dem unwegsamen Gelände abtransportiert werden. Dann baute er eine Holzmühle, in der das Holz zu Zellstoffplatten verarbeitet wurde. Regelmäßige Ladungen gingen nun zur Zellstoff-Fabrik bei Mannheim in Deutschland. Bald konnte er das ganze Gut bezahlen. Den abgeholzten Wald ließ er sofort wieder aufforsten. Schon nach wenigen Jahren hatte er sich eine regelmäßige Einnahmequelle erschlossen, die es ihm ermöglichte, Hoppenhof in einem sehr guten Zustand zu erhalten.

Als der Ritterschaftshauptmann von diesem Geschäft meines Großvaters erfuhr, zitierte er ihn ins Ritterhaus nach Riga und las ihm gehörig die Leviten. So könne ein baltischer Edelmann nicht das Vermögen seines Freundes aufs Spiel setzen, indem er ohne Erlaubnis den Wald schlägt, bevor er das Gut bezahlt hätte. Der Landmarschall war falsch informiert worden. Großvater hatte ja die schriftliche Vereinbarung des Herrn von Knorring in den Händen und konnte den Landmarschall überzeugen, daß alles rechtmäßig zugegangen war. Die Erschließung und Vermarktung des Objektes war keine einfache Sache gewesen. Herr von Knorring wollte eben nur meinem Großvater diese Aufgabe überlassen, nachdem er gesehen hatte, was Großvater in Hoppenhof geleistet hatte.

Das Ritterhaus in Riga war der Mittelpunkt des livländischen Adels. Hier lag nicht nur die Verwaltung des Landes, auch die Versammlungen und die großen Bälle fanden hier statt. Man fühlte sich als große, zusammengehörige Familie. Aus diesem Grunde glaubte der Landmarschall auch verpflichtet zu sein, auf die Ehre und das ritterliche Verhalten dieser Gemeinschaft zu achten.

Wenn Apapa von seiner großen Geschäftsreise aus Deutschland zurückkam, auf der er in Waldhof und Berlin kassiert hatte, brachte er jedem etwas Schönes mit. Das Auspacken der Geschenke im Saal wurde durch lautstarke Freudenschreie gefeiert, man zeigte Gefühle. Auch im Saal wurde am Sonntag eine Andacht gehalten, an der die vielen Hausangestellten teilnahmen. Tante Inga spielte auf dem Harmonium „Segne und behüte uns durch deine Güte" und wir Kinder saßen ganz feierlich auf den rotbezogenen Stühlen.

Großvater war Friedensrichter im Bezirk. Einmal im Monat hatte er Gerichtssitzung und Mutter Karin erzählte, daß, als sie noch ein Kind war, die Prügelstrafe in Rußland noch Gesetz war. Großvater aber sagte zu denen, die prügeln mußten: „Schlagt nicht so fest zu!". Ihm war diese Art der Prügelstrafe sehr zuwider. Als aber so um 1884 die Prügelstrafe abgeschafft wurde und die Delinquenten Geld bezahlen mußten, da kamen sie zu Apapa und baten: „Gib uns bitte wieder Prügel, liels Skungs" (d. h. großer Herr), „das ist uns lieber." Große Verbrechen aber kamen eigentlich nicht vor.

Das dritte große Zimmer war das Eßzimmer, in dem die lange Tafel stand. Es waren eine ganze Menge Leute im Haus: die Großeltern, Tante Inga, die unverheiratete von den sechs Schwestern, Tante Reni, die erst 1917 Onkel Ernst v. Pander heiratete, ein Eleve, unsere Eltern, die Erzieherin, wir zwei „großen" Kinder. Zu Zeiten, als meine Mutter jung war, gehörten auch eine Französin und eine Engländerin zu den regelmäßigen Tischgästen. Dazu kamen aber noch immer einige hereingeschneite Gäste. Man liebte die unkomplizierte, freizügige Geselligkeit. Nach dem Essen mußten wir uns jedes Mal mit einem Handkuß und einem Knicks bzw. Kratzfuß bei der Hausfrau für das Essen bedanken. Wir mußten alles essen, was auf den Tisch kam, sogar „Palten", das ist so eine Art Blutwurst, die gebacken wird. Wir grausten uns davor, aber wir hätten nie gewagt zu mäkeln. Außerdem durften wir bei Tisch nicht sprechen, nur wenn wir gefragt wurden.

Großvater machte des öfteren mit seinen Töchtern und meinem Vater Reitausflüge. Ohne viel Umstände wurden die Pferde gesattelt, etwas Gepäck in einen Wagen gepackt, der hinterher fahren mußte. Dann ging es los. Ohne Anmeldung erschienen sie dann auf dem Nachbargut Neulaizen bei den v. Wolffs und wurden dort mit Hallo empfangen. Natürlich mußten sie alle samt Kutscher und Gepäckwagen über Nacht bleiben, das war selbstverständlich, Nach ein, zwei Tagen gings weiter zum nächsten Gut, vielleicht nach Schloß Marienburg zu den v. Vietinghoff-Scheels oder den v. Fersens auf Schwarzhof. Viele Freunde hatte Apapa, die er gerne mal besuchte. Das machte allen Riesenspaß. Manchmal fuhr sogar Amama mit den Kindern hinterher. Alle wurden herzlich aufgenommen, und man hielt diese Freizügigkeit für etwas ganz Selbstverständliches.

Ein herrliches Vergnügen waren auch die Krebspartien von Juli bis August, wenn die Nächte hell und lau waren. Da wurden aus den Kisten im Giebelzimmer die Laternchen ausgekramt und auch die Fanggeräte. Die Picknickkörbe wurden gepackt mit Butter, Salz, Kartoffeln, Wein, und der große gußeiserne Grapen, in dem die Krebse gekocht werden sollten, war natürlich auch dabei. Zu diesem „Podrette"-Ausflug wurden eine Menge junger Leute eingeladen und es ging sehr lustig zu. Mit Gesang fuhr man im Dämmerlicht auf den Liniendroschken schön einer hinter dem anderen los. An dem Krebsflüßchen angekommen, zogen alle Schuhe und Strümpfe aus, steckten ungeniert ihre Röcke hoch und krempelten ihre Hosen auf. Erst wurde die Feuerstelle mit dem Grapen voll Wasser eingerichtet und Holz herangeschleppt. Dann konnte es losgehen. Es ließ sich herrlich im Dämmerlicht flirten. Bald hatten sich Paare zusammengefunden. Neben den großen Bällen in Dorpat und in Riga waren die Krebspartien eine sehr beliebte Annäherungsmöglichkeit. Ein ausgelassenes, fröhliches, unbeschwertes Vergnügen. Auf die Kescher kam ein Stück Fleisch, dann hielt man das Fanggerät ganz ruhig ins Wasser. Es dauerte nicht lange, und schon war ein Krebs darauf. Es gab eine Menge Krebse zu der Zeit in den Gewässern um Hoppenhof. Wenn genug gefangen waren, kamen alle zum Feuer und das Schmausen konnte beginnen. In die Glut wurden noch frische Kartoffeln gelegt und mit Butter als Delikatesse genossen. Ein ordentlicher Wodka gehört zum Krebs. Die Damen aber hielten sich mehr an einen Schluck Wein. Damals mußte man seine Musik noch selbst machen und so wurde um das Feuer herum in fröhlicher Runde gesungen.

Der Höhepunkt aber in der Krebszeit war das große feierliche Krebsessen, zu dem die Nachbarn und Freunde eingeladen wurden. Der Tisch wurde besonders hübsch gedeckt. Über die ganze Länge des Tisches wurde ein mit roten Krebsen bestickter Spitzenläufer gebreitet, auch alle Servietten waren mit Krebsen bestickt.

Mit roten Krebsen bemalte Waschschüsseln in geschwungenen Eisenständern wurden zum Händewaschen hingestellt nebst mit Krebsen bestickten Handtüchern. Typisch für ein baltisches Festessen waren die „Sakuskas". Kleine Leckereien, die als Vorspeise gereicht wurden. Dazu natürlich ein Schnäpschen.
Es gab noch viele Krebse in den kleinen Flüßchen und sie schmeckten herrlich. So waren die Schüsseln reich gefüllt, und man griff tüchtig zu. Immer ein Krebs, ein Wodka. Und weil man beim Krebsepulen ganz schön beschäftigt ist, hat man für eine amüsante Unterhaltung genug Zeit. Auf diese Weise zog sich so ein Krebsessen bis in die späte Nacht hinein. Die meisten Gäste fuhren nicht mehr nach Hause, für alle war ein Bett bereit.

Wenn der Winter kam, wurde im Wald Rentiermoos gesammelt. Vom Boden wurden die Doppelfenster heruntergeholt und eingebaut, dann wurden alle Ritzen schön verklebt, das Moos zwischen die beiden Fenster gelegt und alles fest verschlossen. Nur ein kleines quadratisches Fenster, das sogenannte „Kapfenster" konnte noch geöffnet werden. Artur, der Diener, lief schon um sechs Uhr morgens mit riesigen Armen voll Meterholz durchs Haus und heizte alle Öfen. Oben im ersten Stock vom Gang aus, damit die Herrschaften noch etwas schlafen konnten, und wenn sie dann um acht Uhr aufstanden, waren die Zimmer pottchenwarm. Am Abend wurde dann nochmal geheizt. Wenn die Öfen bei voller Glut geschlossen wurden, so hielt die Wärme den ganzen Tag bzw. die ganze Nacht.

Draußen war es bitterkalt, und tiefer Schnee lag auf allen Wegen. Wir konnten nur mit Skiern spazieren gehen. Es machte uns besondere Freude, auf der dicken verschneiten Tannenhecke um den neuen Park herumzulaufen. Auf dem Karpfenteich wurden große Eisblöcke gesägt und in einen unterirdischen Keller gebracht. Dieses Eis hielt sich dort bis Anfang Juli. So konnte man Fleisch und andere Lebensmittel längere Zeit frischhalten und sogar Eis als süße Speise wurde manchmal gemacht.

Manchmal fuhren wir auch nach Oppekaln in die Kirche. Apapa benutzte die Gelegenheit, um mit dem Pastor über kirchliche Angelegenheiten zu sprechen. Zuerst aber ging es in die Kirche. Sie lag weit sichtbar auf einem Hügel. Bei gutem Wetter konnte man den Turm sogar von der Hoppenhof'schen Terrasse aus sehen, obwohl er ca. zehn Kilometer entfernt war. Wir fuhren alle in der Kalesche hin. Vor dem Aufweg zur Kirche waren rechts und links lange Balken angebracht, an die man die Pferde anbinden konnte. Lustig waren die Bauernfahrzeuge anzusehen. Es waren die einfachen Ackerwägelchen, in die die Bauern Stroh gepackt hatten und dann ihre typischen buntgestreiften Wolldecken darüber gebreitet hatten. Wenn wir auf dem Weg der Kirche zugingen, hatte ich das Gefühl, das wäre der direkte Weg zum lieben Gott.

Von innen war die Kirche kalt und nüchtern, ich fühlte mich enttäuscht. Aber der Kaffee nachher im Pfarrhaus war ungeheuer gemütlich und pottchenwarm. Es war ein Holzhaus mit niedrigen Decken und voll anheimelnder, bürgerlicher Kultur. Die baltischen Pastoren hatten einen hohen Bildungsstand und waren Gäste in allen Gutshäusern.

Unvergeßlich ist mir das Weihnachtsfest. Geschenke gab's nicht viele, aber die ganze Atmosphäre im Haus war voller Düfte und Heimlichkeit. Am Tag vor dem Fest kamen alle Leute vom Hof ins große Eßzimmer, in dem Waschkörbe voll Wasserkringel standen. Die Frauen bekamen Schürzen und Schuhe und die Männer Stiefel. Auch die Kinder bekamen etwas zum Naschen, Knallbonbons und etwas zum Anziehen. Dann wurde kräftig gesungen. Nachdem alle wieder gegangen waren, mußte tüchtig gelüftet werden, denn es waren ja eine Menge Leute auf dem Hof.

Wie herrlich war der Hoppenhofsche Weihnachtsbaum! Ich konnte mich nicht sattsehen. Der Baum reichte bis zur Decke und war mit den schönsten himmlischen Dingen behangen: Wachsengel, bunte Laternchen, die man zusammenklappen konnte, kleine, mit Glitzerfäden verzierte Häuschen, in denen winzige Figuren das Weihnachtsgeschehen darstellten. Aber das Schönste waren die bunten Glasvögel mit wippenden Schwänzen.

1916 erlitt Apapa in einer Landtagssitzung (er war Kreisdeputierter) einen Schlaganfall und starb noch im Sitzungssaal. Auf dem Gut war die Trauer groß, denn er war bei allen sehr beliebt. Er war für seine Zeit ein sehr sozial denkender Mensch. Er hatte ein Herz für seine Leute. Obgleich im Lande schon hier und da Unruhen aufkamen, bauten ihm seine Leute aus eigener Initiative zu seiner Beerdigung drei mächtige Ehrenpforten, woraus man wohl ersehen kann, wie das Verhältnis „Herr und Knecht" war. Großvater war Alleinherr auf Hoppenhof, das er aufgebaut und zu einem mustergültigen Betrieb gemacht hatte. So spielte mein Vater in Bezug auf Hoppenhof nicht so eine bedeutende Rolle, auch war er später in der Landeswehr und kam in sibirische Gefangenschaft. Er kam erst zurück, als wir schon längst in Deutschland waren.

Es war im Herbst 1918, als diese herrliche Welt mit einem Schlag zerrissen wurde. Die deutschen Truppen zogen ab. Es blieb keine Sicherheit für Deutschstämmige. Es waren nur Frauen und Kinder im Herrenhaus. So bat Großmutter ihren Neffen Otto Klot v. Heydenfeld aus Riga zu kommen und uns bei der Flucht zu helfen. Wir mußten Hoppenhof verlassen, wenn uns unser Leben lieb war. Es wurde zusammengerafft, was nützlich und wertvoll schien. Eines Nachts was es soweit: acht Wagen mit zwanzig Pferden standen abfahrtbereit vor dem Herrenhaus, in dem noch Licht brannte. Die Angst, den Anschluß an die abziehenden deutschen Truppen nicht mehr zu erreichen, war groß und trieb zur Eile an. Das Schnauben der Pferde und das Knirschen der Räder auf dem Kies sind mir noch heute im Ohr. Es war wie ein Schnitt durch mein Herz. Ich war fast neun Jahre alt, aber mir war voll bewußt, was dieser Abschied bedeutete. Nach langer Fahrt durch die unheimliche Dunkelheit erreichten wir einen Krug, vor dem standen Militärwagen. Wir wußten aber nicht, waren es schon die Russen oder noch die Deutschen. Onkel Otto wurde vorgeschickt, um herauszufinden, ob es Deutsche waren. Wir hatten Glück, wir waren einstweilen gerettet. Die Fahrt ging weiter nach Riga, wo wir in einer Mietwohnung Unterschlupf fanden. Dort erlebten wir zuerst die Zeit des Terrors. Viele Balten wurden verhaftet, so auch meine Großmutter. Sie kam ins Gefängnis, viele wurden erschossen. Andere wurden nach Dünaburg verschleppt, auch Großmutter. Die Schwestern Delwig opferten Schmuck, um sie zu befreien. Der Schmuck wurde wohl angenommen und versprochen, sie freizugeben. Es geschah aber nichts. Wir wissen nicht, was für ein Schicksal sie erreicht hat. Nach Jahren fand man am Ufer der Duna ein Skelett, das noch einen Strumpf mit den Initialen meiner Großmutter anhatte. In einem Viehwagen floh meine Mutter mit uns vier Kindern nach Berlin. Dort wurde uns gesagt, hier könnten wir nicht bleiben, wohin wir ziehen wollten? Meine Mutter sagte: „Wenn wir schon hinziehen können, wohin wir wollen, so ziehen wir dahin, wo es schön ist." So kamen wir nach Freiburg im Breisgau, mit einem schweren Herzen voll Heimweh und Erinnerungen an Hoppenhof.

Freiherren v. Tiesenhausen

Auszug aus „Genealogisches Handbuch des Adels" Band 27, Freiherrliche Häuser A IV, S. 390

Hans Friedrich Freiherr v. Tiesenhausen, * Neuenhof 20. 10. 1751, † 1784, auf Neuenhof, Arrowal usw., Kais. russ. Major;
∞ Neuenhof 9. 3. 1777 Dorothea v. Below, * um 1758, † 3. 7. 1815.

Karl Gustav Andreas, * Neuenhof 8. 1. 1779, † 1. 3. 1854, auf Neuenhof, Itfer usw., Kais. russ. Major, Mannrichter;
∞ Reval 12. 10. 1800 Amalie v. Löwenstern, * Rasik 23. 2. 1785, † Kingston, Irland, 9. 7. 1841.

Hermann Gustav Andreas, * Neuenhof 29. 7. 1801, † Itfer 18. 3. 1871, auf Itfer, estld. Ritterschaftssekretär, Kreisdeputierter, Kreisrichter in Wierland;
∞ Neuenhof 16. 9. 1834 Magdalene v. Vietinghoff, * 19. 3. 1814, † Rom 16. 1. 1894.

Engelbrecht Karl Konstantin, * Itfer 22. 9. 1835, † Klein-Kabbina 8. 6. 1886, Pastor in Weißenstein;
∞ Itfer 8. 12. 1866 Marie Bunsen, * Moskau 28. 6. 1838, † Weißenstein 8. 12. 1915.

Hermann Johannes (Hans), * Weißenstein 6. 7. 1869, † Freiburg im Breisgau 26. 5. 1932, Landwirt; ∞ Hoppenh

Kinder:
Hans Heinrich (Hans), * Riga 24. 3. 1908, ⚔ bei Orscha 4. 3. 1944.
Barbara, * Hoppenhof 15. 11. 1909, unsere Verfasserin;
∞ Freiburg 18. 8. 1936 Hanns Pauli, † Mettingen 13. 2. 1990.
Wolter, * Hoppenhof 10. 9. 1911, † Hoppenhof 20. 10. 1911.
Berend, * Riga 11. 12. 1912, † Bielefeld 12. 12. 1988.
Ursula, * Riga 30. 3. 1914.

Freiherren v. Delwig

Gustav Albert Freiherr v. Delwig, * 2. 7. 1752, † ..., auf Karolen in Livland, Kais. russ. Major;
∞ Catharina v. Taube.

Ernst Axel Friedrich, * 1795, † Gluhde (?) bei Wenden 16. 10. 1850, Kais. russ. Titulärrat, Oberforstmeister;
∞ Keggum 12. 9. 1815 Eleonore Stümer, * ..., † Wenden 28. 12. 1894.

Theodor Alexander (Alex), * 1. 2. 1829, † Wenden 30. 11. 1903, Kreisgerichtsbeamter;
∞ I. Riga 24. 6. 1851 Emilie v. Roth, * Riga 17. 10. 1830, † Riga 27. 9. 1876 (geschieden);
∞ II. Riga 23. 1. 1858 Marie Elisabeth Schlüter, * 2. 9. 1837, † Wenden 6. 7. 1905.

Rudolf Friedrich Axel (Apapa), * Riga 10. 3. 1851, † Marienburg in Livland 27. 3. 1916, auf Hoppenhof (seit 1883), Hermannshof usw.;
∞ Dorpat 17. 5. 1877 Alma v. Schrenck (Amama), * Dorpat 30. 12. 1855, † bei Dünaburg verschleppt und ermordet 1918.

Kinder:
Inga, * Dorpat 13. 4. 1878, † Schwarmstadt 22. 1. 1947.
Karin, * Schluckum 23. 11. 1879, † Münster 11. 9. 1969.

2. 9. 1906

Edith, * Schluckum 21. 4. 1881, † Wistedt 12. 2. 1974;
∞ Hoppenhof 20. 9. 1902 Arthur v. Wahl.
Dagmar, * Schluckum 5. 8. 1882, † Breitnau 16. 9. 1962;
∞ Hoppenhof 3. 2. 1908 Egon Deringer.
Irene, * Hoppenhof 11. 7. 1885, † Walsrode 5. 7. 1972;
∞ Hoppenhof 26. 11. 1918 Ernst v. Pander.
Helga, * Hoppenhof 21. 8. 1888, † Wolfsburg 1. 11. 1970;
∞ Hoppenhof 8. 10. 1911 René v. Pander.
Sigrid, * Hoppenhof 13. 12. 1894, † Hoppenhof 18. 3. 1898.

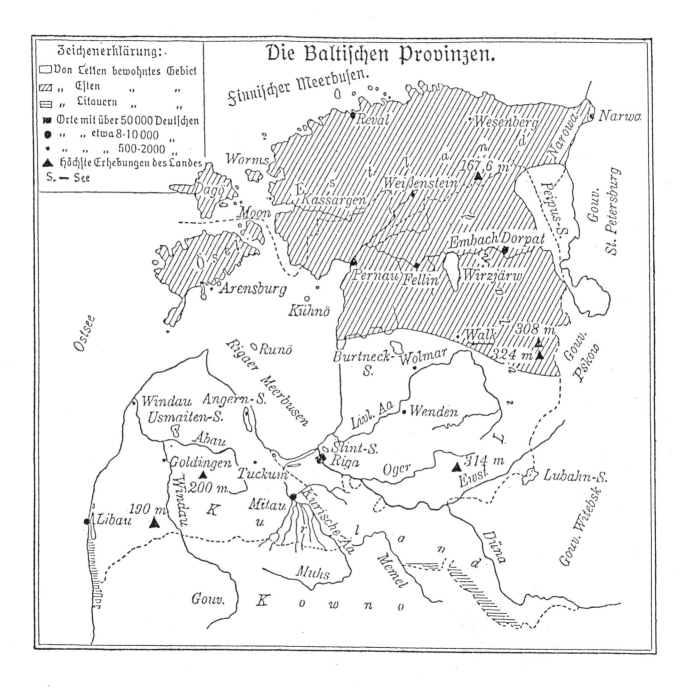